La Mujer de Negro

ELIEZER DEL VALLE ROSARIO

La Mujer de Negro.

Copyright © 2022 por Eliezer Del Valle Rosario.

Todos los derechos reservados.

ISBN: 9798359657495

Este libro va dedicado a todos los corazones bien intencionados.

¿Cuantas guerras te ha costado estar en paz?

No llegué con flores,
pero si con un par de poemas que nunca se marchitan.

-EDV

ANDROMEDA

A dos mil millones de años luz,
así de lejos se encuentra ella.
Hecha de estrellas que ciegan
y planetas que asesinan.
Parece que está quieta,
pero viaja a trescientos kilómetros
por segundo.

Y por eso no hay quién se le cruce.

CADA PASO

Pasa que a veces vas
dando bandazos por la vida,
y comienzas a preguntarte
si vale la pena seguir caminando.

Y sí, vale cada maldito paso.

EL MURO

Después de estrellarme
un millón de veces
contra el mismo muro,
entendí que el problema no era
que tú fueras el muro,
el problema era que yo
siempre quise estrellarme.

Cada puta vez.

LA PEOR MANERA DE MORIR

Ni la peor manera de morir
se compara con la de haber vivido
intentando amar a la persona incorrecta.
Porque si existe algo peor
que morir ahogado,
es estarse ahogando,
y no morir.

LA PREMISA

Ambos partimos
de la inocente premisa de pensar
que nunca nos haríamos daño,
cuando la realidad era que,
al lado de nosotros,
ni el diablo era tan diablo,
ni el infierno ardía tanto.

UN RAYO

No busques en ella
las cosas que a ti te faltan.
Ella no tiene por qué ser
una pieza que encaje
en tu vida de mierda
para venir a arreglar cosas rotas.
Porque es como un rayo.

No cae dos veces en el mismo lugar.

DEBAJO DE SU PIEL

Se pasea por la vida
como quien no quiere cuentas
con nadie. De bajo perfil siempre.
Pero solo pocos sabían,
que debajo de su piel,
escondía inmensidades.

Y cuando se encontraba con el océano,
era él el que se ahogaba.

METEORO

Ella llegó
como llegan los meteoros,
a toda velocidad y llena de fuego.
Extinguiendo todo
lo que conocía antes,
y dejando una huella.

Imborrable.

LA LECCIÓN

No dijo nada,
solo lo cerró todo.
Sus maletas, las ventanas
y el corazón.
Luego lo entendí.
Tarde, pero lo entendí.

Que hay personas que llegan
para enseñarte cosas importantes.
Te dejan la lección cruda en las manos,
y luego ya no vuelven más.

EL PUTO MUNDO ENTERO

Vive bien cerquita del cielo,
y casi nunca pisa suelo.
Usa las nubes de trampolín,
bebe agua de lluvia,
y se peina con estrellas fugaces.

Siempre tiene su cabeza por los aires.
Y yo siempre ando con
mis pies sobre la tierra.
Pero entre nosotros,
cabe el puto mundo entero.

Ni ángel, ni diabla.
Ella es el punto exacto donde
se hacen santos todos mis pecados.

ASESINA EN SERIE

Labial rojo,
pelo negro y pisada fuerte.
Caminar liviano,
como si el peso de su pasado
oscuro fuese nulo.

Pareciera que pone orden
donde quiera que llega.
Pero no, todo lo contrario.
Es una asesina en serie.
De esas que ves entrar,
pero nunca ves salir.

No tenía que decir nada.
Era ponerme un dedo encima,
y el cielo y el infierno se hacían uno.

Lo duro de acostarse soñando contigo,
es levantarse estando sin ti.

LA CULPA

La culpa no fue tuya,
ni fue mía.

La culpa fue del amor,
que para ser tan viejo,
de sabio no tiene nada.

TERRESTRE

Ni el fuego quemaba más
que sus manos cuando me tocaban.
Ni el agua mojaba más
que sus labios cuando me besaban.
Ni el aire refrescaba más
que su aliento cuando me susurraba al oído.
Ni la tierra era tan fértil
como lo era su vientre.

Y siempre la vi así,
como si fuese el mundo en el que estoy parado.

Respirando.

Su risa no era el remedio, era la enfermedad.
Y llevo una vida agonizando.

Comencé creyendo que todo tiene un final,
y ahora que te encuentro,
que te vivo y que te tengo,
el fin del mundo puede esperar un poco más.

El mundo se acaba
cuando la risa pase a un segundo plano.
Cuando las moscas dejen de posarse sobre la mierda.
Y cuando tú,
que te has vestido para ti, te desvistas para mi.

Ella no necesita alguien que llegue con promesas.
Necesita alguien que llegue con respuestas.

Tengo una historia donde alguien
que decía amarme casi me mata
sin ponerme un dedo encima.
Desde ese día solo persigo la paz
como mismo persigo los sueños.

Y entendí que quien jura amarte,
no tiene que odiarte para hacerte daño.

Cuando te dicen que no juegues con fuego,
te están hablando de ella.
Porque no es una mecha, es la puta hoguera.

Ella entró en mi vida
como entran las primeras luces del día
entre la ventana y la cortina.

Iluminando todo lo que estaba oscuro.

A ella la tienes que leer en voz alta
y en letras mayúsculas.

Era plantarte cara
y decirte lo loco que estoy por ti,
o seguir mi camino.

Y llegué a Marte.

No todo es fiesta y cerveza,
tampoco libros y café.

Pero si es contigo,
canto el karaoke borracho hasta morir,
y leo la novela más larga del mundo.

Llevo tiempo intentando no caer en tu encanto.
Pero... ¡maldita sea! deja de mirarme así.

Lo mejor que me pasó en la vida,
fue que no me siguieras pasando.

La meta es dejar de rezar por ti,
para comenzar a rezar contigo.

LA MUJER DE NEGRO

Mezcla de sueño y desvelo,
busca ser feliz en cualquier esquina.
Sábana azabache su pelo,
y de todos los miedos, la pesadilla.

Tiene más ganas que excusas,
y aquel consejo que nunca olvida.
Un ligero escote en la blusa,
y cerca de la muerte, se abraza de la vida.

A los idiotas caso omiso.
Cuentas claras con los suyos.
Hace lo que siente sin permiso,
y se aleja de todos los murmullos.

Tiene pocos amigos,
y un perdón que no se agota.
Su almohada fue testigo,
de que no hay victoria
sin algunas derrotas.

La mujer de negro
de los sueños de cualquier loco.
Ha puesto el amor en un duelo,
y se ha ido a celebrar el luto
de un corazón que ya no espera poco.

Puedo hacerme el hombre más fuerte del mundo,
pero cuando te tengo de frente,
me tiembla todo por dentro.

TIEMPO Y ESPACIO

El tiempo y espacio
no existen a donde vamos tú y yo.
Porque no hay tiempo para perder,
ni espacio para ganar.

La locura debe ser
el síntoma más notable de la felicidad.
Porque para ser feliz en un mundo que se viene abajo,
hay que estar loco.

La veo y la noche se me vuelve día,
el dolor pasa a ser mi amigo,
y el insomnio deja de ser un intruso.

Olvídame en silencio,
que yo seré siempre esa sal
que se te queda pegada a la piel
después de un día de playa.

De todos los encuentros que he tenido en esta vida,
el tuyo fue el único que me dejó sin aliento.

La vida como la conocemos,
tiene más de muerte que de vida.
Ya de primera, naces para morir algún día.
Y eso ya es tener la ventaja.

Punto para la muerte,
aunque sea lo único que nos haga valorar la vida.

Le soy sordo a todas las voces que no sean la tuya.
Mudo, a todos los oídos que no me escuchen
como tú lo haces.

Y ciego,
ante todos los ojos que no lleven esa mirada
que me quita el aliento, como si fuese ropa.

Que siempre me van a faltar manos
para tocarte como quiero.

Y piel,
para arroparte como mereces.

Te voy a esperar
como esperan los impacientes.
Moviendo la pierna,
hecho una mierda,
y mirando el reloj
cada maldito segundo.
Siempre voy a querer
que llegues antes.

Siempre.

Te va a dejar colgar
los sueños en su espalda,
los demonios en su falda,
pero sin descuidarse.

Que estar con ella
es tener el futuro escrito,
y el pasado hecho un misterio.

Le gustan las palabras bonitas,
pero no se traga ningún poema.
Sabe que primero van los hechos,
y después todo lo demás.

Jamás me había sentido tan lejos de tenerte cerca.
Y eso, además de matarme poco a poco,
es también vivir muy de prisa.

A mi que la muerte me encuentre viviendo,
el dolor sonriendo, y el amor siendo libre.

El amor seguirá siendo amor
aunque nadie lo tome en serio.

Pero yo, sin ti, soy de los valientes,
el más cobarde.

Me matan las ganas de vivir.
Como me matan las cosas que no te he dicho.

Me muero por sentirme vivo.
Como se me mueren los abrazos que aún no te doy.

Espero el día en el que llegues y sentarme a contarte
lo dura que fue la vida sin ti.

Recuerdo como si fuese ayer
aquel día en el río cuando
te di la mano para ayudarte a cruzar.

Todavía siento que alguien
me aprieta fuerte,
y eso es lo que no ha dejado
que me rinda en todos mis intentos
por llegar a la otra orilla.

Ella,
cuando le de la mano a alguien,
va a apuñalar unos cuantos corazones
y a desatar un par de guerras.

Y no sé si haya suficiente suelo,
para recoger tanta sangre.

A veces te miro sin poder creerte.
Tan sensible ante la cosa más simple,
tan fuerte ante lo que a cualquiera tumbaría.

Bendita sea la sal
que se queda pegada en tu cuerpo
después de un día de playa.

Bendito el mar que te moja,
y bendito el sol
que deja su marca en tu bikini,
y le dice al mundo que todo
te va importando una mierda.

Si la poesía será siempre el café de tus mañanas,
yo voy a ser siempre un barista empedernido.

Lo duro del amor
no es que le temes al nuevo.

Le temes a que las heridas del viejo,
vuelvan a sangrar.

Como cuando jugábamos
a las escondidas de pequeños
y ganaba el último en ser encontrado.
Así juega el amor con nosotros dos.
Quizá seamos los últimos,
pero vamos a ganar el juego.

Y no vamos a tener que escondernos
nunca más.

A la distancia de un solo paso, o boca con boca.
Siempre voy a quererte un poco más cerca.

Entre las peores formas de morir,
elijo la de estarme muriendo por ti toda la vida.

A veces,
la única manera de llegar a la superficie,
es tocado fondo.

Una cosa es compararla con otras mujeres.
Otra saber que no piensa como ninguna.

Tú dile si eres delos que vas y vienes,
que ella te dejará saber si es de las que se queda,
o se va.

Se puede caer el mundo,
y ni en esta vida,
ni en la otra,
se vuelven a ver
un par de piernas así.

Se puede venir abajo el cielo,
y ni Dios, ni el diablo,
van a saber qué hacer contigo.

FUGAZ

Tan fugaz
que se queda para siempre.
Tan eterna que dura solo un instante.
No espera ser entendida por nadie.
Espera ser aceptada.

TE ESPERO

Te espero al final
de la calle sin nombre,
vestido de impaciencia
y mi mejor corbata.

Con muchos planes
por si llegas a tiempo.
Con una botella de whisky barato,
por si no llegas nunca.

No tiene los ojos más bonitos del mundo,
pero mirada más sincera, ninguna.

Y eso a mi no solo me basta,
me sobra.

Tengo la mitad de lo que soy,
esperando que la otra haga
lo que debe hacer contigo.

Tengo poemas que no ha leído
ni la libreta en la que los escribo.
Tengo unas mil dudas sobre si
es más fuerte el recuerdo,
que el olvido.

Tengo la pregunta de por qué
dentro del silencio
siempre hay tanto ruido.

Tengo, el cobarde atrevimiento
de aceptar que me vuelvo una mierda,
cada vez que te miro.

El amor ha matado a más personas que la guerra,
y aún así, siempre lo volvemos a intentar.

En un mundo repleto de sonrisas ocultas,
yo llevo su mirada descubierta
bien tatuada en la memoria.

Imborrable.

SI SUPIERA

Si supiera cuál de todos
será mi último abrazo,
correría a los brazos de mi madre
para no soltarla nunca.

Si supiera cuál de todos
será mi último poema,
dejaría todo lo que he callado, en él.

Si supiera cuál de todos
será mi último destino,
me quedaría una noche más.

Si supiera cuál de todos será
mi último sueño,
no me levantaría jamás.

Si supiera cuál de todos
será mi último intento,
lo gastaría en el amor,
aunque termine en el fondo de un abismo.

Porque soy mejor trepando colinas,
que acampando entre ellas.

NOSOTROS

Que cada arruga de tu cuerpo
sepa con el pasar de los años,
que las mías lo dieron todo por acompañarlas.

Que el corazón me perdone las veces
que quiso reventar al verte, y lo oprimí.

Que mis manos reconozcan las tuyas cuando
la luz se apague y todo quede a oscuras.

Que tus ojos alcancen a leer los míos,
cuando las palabras se me acaben.

Que nuestras almas se reconozcan en la otra vida,
y bailen las canciones que no pudieron en esta.

Que tu cuerpo y el mío lleguen a un acuerdo,
y no nos digan nada nunca.

Que el pasado nos envidie tanto,
que quiera jugarnos una trampa.

Que nos esperemos con paciencia,
hasta que la paciencia nos aplauda.

AGONIZANDO

Déjame con la duda,
y quédate con las cosas que me vuelven loco,
aunque la locura me consuma.

Déjame con la pregunta,
y quédate con la respuesta,
aunque no me la digas nunca.

Déjame con las ganas,
y quédate con la saciedad,
aunque me veas muriendo desesperado.

Déjame con el misterio,
y quédate con lo esclarecido,
aunque me dejes dando vueltas
en el mismo lugar.

Déjame con la esperanza,
y quédate con la decisión,
aunque me veas suplicar por ella
cada puto día.

No me des la vida ni me la quites,
que a mi lo que me mantiene vivo
es estar agonizando.

TE VEO PASAR

Te veo pasar y no sé si soy, o fui.
Si vengo, o si voy.
Si es invierno, o es verano.
Si sigo vivo, o estoy muerto.
Si soy un poeta, o un impostor.
Si soy valiente,
o el cobarde más grande del mundo.

Te veo pasar
y mi vida de repente cabe en mi bolsillo.
Así de grande te ven mis ojos,
que no dicen nada,
pero lo entienden todo.

No está completa,
pero tampoco le hace falta algo más
de lo que ya tiene.

Nadie sabe a ciencia cierta
las cosas que esconde,
pero dicen algunos que cuando pasa,
el pobre se hace rico,
el conforme soñador,
el creído se vuelve chico,
y el fracasado, ganador.

Todos la quieren.
Nadie la merece.

Se mueren de frío
los besos que no te he dado.

Hay telarañas entre las historias
que no te he contado.

Está llena de polvo la repisa
donde meto todos los recuerdos
que aún no tengo contigo.

Tengo un cementerio de sueños
esperando a que con una mirada,
los resucites a todos.

Mientras tanto sigo congelado,
sucio, y más muerto que vivo.

A merced de su voluntad.

A TRES LUNAS

Tú no lo sabes,
pero en la noche de un viernes
de octubre que todavía no ha llegado,
mis manos ya te halaron por la cintura
y mi boca te dio el beso más largo de la historia.

Te abracé por detrás
mientras descorchabas un vino,
y recorrí con caricias tu espalda desnuda,
mientras hablábamos tumbados en la cama
de lo complicada que fuese la vida
si no nos tuviéramos.

Tú no lo sabes,
pero mi cuerpo le sigue siendo fiel al tuyo.
Aunque estés a dos metros
o aunque estés a tres lunas.

CAUTIVERIO VOLUNTARIO

Que pocas son las ganas de ser libre,
si son sus piernas
las que me mantienen preso.

Y si su espalda es el veredicto,
yo mismo me condeno.

Una historia bajo el brazo,
diez mil errores, uno que otro fracaso.

Pero jamás,
ni en esta vida ni en la otra,
vuelve a ahogarse con el mismo vaso.

CORAZÓN DESNUDO

Tengo el coraje en un frasco,
y un par de poemas
que no saben mentir.

Tengo consejos que son un fiasco,
y un corazón desnudo
que no se sabe vestir.

Tengo la clara certeza,
de que me equivoco si lo intento.
También la típica rareza
de decirte la verdad cuando te miento.

Tengo el alma gastada,
y el pecho ardiendo en fuego.
Una desgracia afortunada,
y la urgencia de dejar todo para luego.

Tengo el miedo que tienen todos,
de pasar por desapercibido.
Y de que vengan a robarme,
lo que todavía no he vivido.

CUANDO SE TRATA DE ELLA

Cuando se trata de ella,
siempre hay un verso que se me escapa,
una pregunta que no detengo,
y una mirada que me delata.

Cuando se trata de ella,
siempre hay un consejo que no sigo,
una regla que siempre rompo,
y nunca sé qué hacer conmigo.

Tengo sueños que sueñan contigo
y a veces no sé cómo despertarlos.

Siete pecados que cuando te vieron
quisieron ganarse el cielo con un milagro.

Y un abrazo largo en la esquina
donde lloras por todo lo que te pasó,
y que no mereciste nunca.

Ojalá se despiste el destino,
se confunda el futuro y se desvíe el camino
que no tiene pensado llevarme
hasta donde estás tú.

Ojalá que si no eres para mi,
Dios se equivoque por primera vez.

Mira si es capaz de mucho,
que a mi firmeza la puso a tropezar,
mi seguridad a dudar,
mis silencios a gritar,
y mi coraje a temblar.

Mira si es capaz de mucho,
que dice que nació para ser libre,
y yo desde que la vi,
muero por ser su esclavo.

Mira si es capaz de mucho,
que no ha tenido que pedirme nada,
y yo ya se lo he dado todo.

Verla reír es como volver a ser niño,
no te preocupas por nada.

SUPERPODER

Hay un lugar cálido al que viajo
cada vez que me mira.
Como si fuese un don,
o mucho más que eso.
Un poder que más nadie tiene.

Podría jurar que cuando respira,
un esclavo es liberado,
un árbol es sembrado,
y el hambre en el mundo se acaba.

Que no solo yo con mirarla me arreglo.
También se arregla el mundo.

SOLO ASÍ

Te daría todo lo que te mereces,
pero solo me tengo a mi
y a un par de poemas
que aún no escribo.

Te salvaría del precipicio,
pero caí en él y todavía
no ha llegado nadie a salvarme.

Te rescataría de un naufragio,
pero mi barco lo habitan
las bestias en las profundidades.

Te regalaría flores,
pero se me ha perdido la primavera
y no sé donde encontrarla.

Te lo puedo dar todo,
aún así bajo mis circunstancias,
pero solo funciona si entiendes primero,
que no tengo nada.

Solo así.

TE TENGO GUARDADO

Te tengo guardado un beso,
que ha cargado con el peso
de lo que ha sido morir por ti.

Te tengo guardada una flor,
que alimento con agua,
sangre y sudor hasta quedarme agonizando.

Te tengo guardada una vela,
para cuando la vida te duela,
apagar las luces y usarla de escudo.

Te tengo guardado un poema,
para que me leas sin problemas
en las noches más frías.

Te tengo guardado un vestido de ceda,
para verlo caer al piso después de la cena,
y que nos sirva de testigo.

Quien crea merecerte,
que te demuestre primero
que puede vivir sin ti.

UN TROZO DE TI

Hay un trozo de ti
en cada cosa que miro,
en lo que esconde un suspiro,
y en las miradas ajenas.

Hay un trozo de ti
en el canto de las ballenas,
y en las tardes de verano.

Hay un trozo de ti
en cada palma de mi mano,
y en las intenciones de un loco.

Hay un trozo de ti
en cada suelo que toco,
y en la orilla,
cuando la marea baja.

Hay un trozo de ti
en el fondo de una caja,
que protejo como lo más sagrado.

Por si quieres caminar a mi lado,
o por si decides tomarme ventaja.

Tengo la infalible intuición
de que un beso suyo borra memorias,
mentiras y pecados.

Podría jurar que después de un beso suyo,
te ganas el cielo.

Como si te hubiese besado un ángel.

Estás entre lo que he querido siempre
y lo que no me ha hecho falta nunca.

Y no sé si eres puro capricho mío,
o la necesidad más grande que he tenido
toda la vida.

Me le escabullí a la muerte una vez,
pero solo por estar aferrado a la idea de
vivir la vida contigo.

Siempre llevo conmigo
diez minutos más para tu prisa.

Puedo convertir en agua
la lava de un volcán para tu sed.

Ya puse el sonido
del Mar Caribe en tu repisa.

Y a la vela de tus santos
dile que siempre he soñado con usted.

Soñé que me dabas un abrazo
al borde de un abismo.

Y todas las partes
que estaban derrumbándose,
volvieron a su lugar.

Ella es de andar en bicicleta,
bañarse en la glorieta,
y dormir en el sillón.

De hacer apuntes en libreta,
viajes largos sin maleta,
y ser de una en un millón.

Pasaré por ti una tarde de cielo rosa y naranja,
e iremos hacia donde no hemos estado nunca.

Llevaré mi vulnerabilidad en un frasco,
te intercambiaré mi historia por la tuya,
y nos despediremos siendo otras personas.

Como el tequila le es leal a la sal.
Como el calor tiene un pacto con el fuego.
Como la luna altera las mareas del mar.

Así de lejos te miro, y así de fuerte te ruego.

Te contaría toda mi verdad,
si mi verdad no pareciese una mentira.

A ella los buenos días
siempre con abrazo,
el perdón sin un retraso,
y un libro antes de dormir.

Un par de trajes pa' elegir,
depende de si es verano
o si es invierno.
Y el diablo se retuerce en el infierno,
cada vez que la ve resurgir.

El tiempo no es lo único que
cuando se va, no vuelve.

También ella.

El trato es que me digas donde te hirieron,
para yo saber donde concentrar
la mayor cantidad de besos.

Pasa que hay personas
a las que nunca les alcanza
cuando se lo das todo.

Pero también pasa
que existen otras a las que les sobra,
cuando todavía no les has dado nada.

Te merece quien entiende que eres suficiente aún en los días en los que no encuentras dirección.

Identificar puntos débiles
para trabajarlos a tiempo
y no herir a nadie,
también es una forma de amar.

A veces persigue mariposas,
y otras rompe corazones.

A veces se mueve sigilosa,
y otras, baila todas las canciones.

Todos tus secretos están a salvo conmigo.

Eres tantas cosas hermosas a la vez,
que no sé por donde comenzar a amarte.

Por suerte existen los abrazos.

Eres ese plan de un domingo lluvioso
al cual no le hace falta nada.

Yo con las palabras
podré hacer muchas cosas,
pero ella, con esos ojos,
puede hacer conmigo
lo que le de la puta gana.

No importa
si tienes que irte lejos,
me basta con todas las veces
que te vi llegar.

No importa
si escoges lo simple de lo complejo,
tengo un corazón que nunca
te va a poder negar.

El problema de darle tantas vueltas al asunto,
es que a veces terminas en el mismo lugar.

La vida a veces
se nos tambalea en la cuerda floja.
Pero ya estamos cerca del final.

Y mucho más cerca de otro principio.

Abrazos de aeropuerto.
Besos como el primero.
Charlas frente al mar.
Un te quiero sin pensar.

Siempre habrá poco suelo,
para pasos como los suyos.

Poco perfume para cubrir su cuello.
Poco viento para despeinar su cabello.

Y poco papel,
para una historia tan larga.

Me gusta de ti que
no te apagas con el viento.
Como esa vela de cumpleaños
que vuelve a ser fuego
después de un soplo
y nos hace quedar mal a todos.

Que seas de mis victorias un testigo,
de mis pecados el castigo,
y de mis domingos, la eternidad.

De mis fortalezas la debilidad,
de mi infierno un pedazo de cielo,
de mi desierto un vaso de agua con hielo,
y de mis encierros, la libertad.

Hice un pacto con la idea de dejarte para después.
Y después fue que te vi leyendo un poema
que no era mío.

A veces,
cuando no sabe qué hacer con las palabras,
las disfraza en un abrazo.

MIS REZOS

Que te cuide la vida
ese fragmento del tiempo
en el que terminan mis rezos
y comienzan mis plegarias.

Que la vida de cuide, y se cuide.

De ti.

Ella no necesita que llegues a salvarla de la muerte.
Necesita que si llegas, no le interrumpas
el baile que lleva con la vida.

ENTRE LOS ÁNGELES

Si después de esta vida, existe otra,
ojalá te sigas llamando igual.

Para dejar de perder
el tiempo en el infierno
y buscarte entre los ángeles.

No lo intentes más.
A ella no te la ganas ni con santería.

Me gusta escucharla contando
lo que es el amor para ella.
Porque sé que la ha pasado feo,
que le ha dolido,
y todo lo que dice
lo dice con el corazón
en una mano,
y cien toneladas de esperanza
en la otra.

Ella para mi es fascinante no por las cosas que cuenta,
sino por todas las que calla.

Mirarla por primera vez
fue ponerle fin a mi creencia
de que no existen los finales felices.

Porque aunque era solo el principio,
en sus ojos no se podía ver un final.

La vida que merezco está justo después
de un beso tuyo.

Te espero como esperan
los árboles la primavera,
los niños el recreo,
y los soldados el fin de la guerra.

Te espero aunque
te quedes para siempre.
O aunque no llegues jamás.

FUEGO FORESTAL

El tiempo
te lo va a dejar saber.
Ella es un fuego forestal encerrado
en un cuerpo que no se rinde,
un alma que no se calla,
un rezo que no expira.

Lo siente todo como siente
la tierra el rugido de un volcán
que se cansó de estar dormido.

Al diablo con ser refugio para gente que no sabe donde quiere quedarse.

RUMBO FIJO

Tiene su rumbo bien fijo,
un camino solitario
y un suelo lleno de espinas.

Una balanza que no se inclina,
y un alma blanca
bajo su chaqueta negra.

Ríe cuando todo está en ruinas.
Porque sabe que el universo
está preparando sus respuestas.

Vive por amor,
y por amor hace lo que no se le ha pedido.

EMPEZAR DE CERO

No entiende por qué,
pero tiene deseos de irse a vivir lejos,
a un pueblito donde nadie la conozca,
y empezar de cero.

Donde pueda llegar
a cualquier parte en bicicleta,
empacar poco en la maleta,
y regar sus plantas en la mañana.
Sentarse a hacer el crucigrama,
después de ver el sol caer.

A ella la enciende el viento,
la lloran los fuertes y le rezan los dioses.

Tratar de conquistarla es jugar a ser marinero
en un barco de vela.

De las mil maneras
que existen de decir te quiero,
ella va a escoger siempre
demostrártelas a capa y espada.

Y sin decir una palabra.

Le gusta el sol y las palmeras,
pero también el invierno.
Apunta todo en un cuaderno,
y habla poco,
pero escucha mucho.

No sé cuando vas a llegar,
pero te guardé un espacio tibio
junto al fuego, cerquita de la puerta
donde cuelgo los abrigos
para el invierno y las botas de montaña.

No sé cuando vas a llegar,
pero ojalá sea antes de que el fuego
consuma la madera,
y el invierno se acabe.

EL FINAL

El final
no siempre es el final.
Es, quizá, el principio
de todo lo que no soñé nunca.

No hay jamás un final,
cuando se deja en un libro
una parte de ti que
vivirá para siempre.

Que corra de mano en mano,
y de corazón en corazón.
Que lo encuentren las
almas que más lo necesiten.

Y que forme parte de
un comienzo, para todo el que
no le encuentra fin a nada.

Eliezer Del Valle Rosario (Puerto Rico, 1992)

Criado en los campos del barrio Espino de San Lorenzo, donde aprendió a cultivar el amor por la naturaleza y los espacios abiertos. Actualmente se encuentra ejerciendo como profesional de la salud en uno de los hospitales más importantes del país. Acaba de publicar su primer libro titulado *La Mujer de Negro,* el cuál llega para poner fin a etapas difíciles, y marcar el principio de un camino lleno de sueños en la vida del autor.